Dieses Buch kann alleine lesen:

_____

# Tolle Tier-Silben-Geschichten mit Conni

Geschichten von Julia Boehme
mit Bildern von Herdis Albrecht

# Silbe für Silbe zum Lese-Erfolg

**Liebe Eltern,**

Leseanfänger lesen langsam. Sie müssen jedes Wort Buchstabe für Buchstabe, Silbe für Silbe erlesen. Alle Wörter der Geschichten in diesem Band sind in farbigen Silben markiert. Diese kurzen Buchstabengruppen können Leseanfänger schneller erfassen als das ganze Wort.

Bei den markierten Silben handelt es sich um Sprechsilben. Das heißt, die Wörter sind so in Silben aufgeteilt, wie sie gesprochen werden. Die Sprechsilben entsprechen fast immer auch der möglichen Worttrennung, also den Schreibsilben.

Nur bei der Trennung einzelner Vokale gibt es einen Unterschied: Nach den aktuellen Rechtschreibregeln werden einzelne Vokale am Wortanfang oder -ende nicht abgetrennt. Beim Sprechen unterteilen wir solche Wörter jedoch in mehrere Silben, daher sind sie in diesem Band ebenfalls mit unterschiedlichen Farben markiert: Oma, Radio.

**Ihnen und Ihrem Kind viel Spaß beim Lesen!**

# Inhalt

Viel Spaß!

# Conni und die Schule voller Tiere

### Eine Maus in der Schule

„Was ist 11 – 7?",

fragt Frau Reisig und

schreibt es an die Tafel.

„Piep, piep", quiekt es plötzlich.

Conni dreht sich um.

Was war das?

Unter Ninas Tisch

raschelt es.

Und da quiekt es schon wieder!

Frau Reisig spitzt die Ohren.

„Was ist denn unter deinem Tisch?",

fragt sie Nina.

Nina wird rot.

Eine kleine Maus läuft ihren Arm hoch.

Eine echte, lebendige Maus!

„Das ist Mäxchen", murmelt Nina.

„Der wollte nur mal sehen,

wie es so in der Schule ist."

„Aber Nina!", ruft Frau Reisig.

„Was wäre denn,

wenn alle Kinder ihre Tiere

mit in die Schule nehmen würden?"

„Das wäre doch toll!",

ruft Conni.

„Au ja!", schreien alle Kinder.

Frau Reisig überlegt.

„In Ordnung.

Wir machen morgen

einen Haustiertag.

Da dürfen alle Kinder ihre Tiere

mit in die Schule bringen."

Frau Reisig hebt ihren Finger.

„Aber nur morgen!

Sonst haben Tiere Schulverbot!"

Conni ist ganz aufgeregt.

Kater Mau darf mit in die Schule.

Zu Hause bindet sie Kater Mau

eine rote Schleife ans Halsband.

„Freust du dich schon?", fragt sie.

„Mau", schnurrt Kater Mau.

13

## Leserätsel

Was schreibt Frau Reisig
an die Tafel?

- **P** Ihren Namen
- **M** Eine Rechenaufgabe
- **T** Quatsch mit Soße

Wie heißt Ninas Haustier?

- **E** Micky Maus
- **U** Mätzchen
- **A** Mäxchen

Was schlägt Frau Reisig vor?

A    Einen Haustiermarkt

U    Einen Haustiertag

R    Einen Tag im Tierheim

Was macht Conni zu Hause?

M    Sie bindet sich eine
     Schleife ins Haar.

S    Sie bindet Kater Mau eine
     Schleife ans Halsband.

T    Sie bindet sich ein
     Halsband um.

Die Buchstaben neben den richtigen
Antworten ergeben ein Lösungswort:

___ ___ ___ ___

**Ein tierisch toller Schultag**

Am nächsten Tag wimmelt es

in der Schule von Tieren.

Lisa hat ihr Meerschweinchen

mitgebracht und Tom

seinen Hund.

Clarissa hat ihr Kaninchen

auf dem Arm.

Conni darf es auch mal streicheln.

In einem Käfig hat Nick

zwei Wellensittiche dabei.

Und natürlich ist Mäxchen auch da.

„Lass Kater Mau in der Box!",

ruft Nina.

„Der frisst keine Mäuse",

sagt Conni.

Sie nimmt Kater Mau auf den Schoß.

Jetzt soll jeder etwas

von seinem Tier erzählen.

„Mäxchen ist ganz lieb", sagt Nina.

„Er frisst mir sogar aus der Hand!"

17

„Mein Meerschweinchen isst

viele Sachen, die ich auch mag",

berichtet Lisa.

„Äpfel, Möhren und Tomaten."

„Das isst mein Kaninchen

auch gerne!", ruft Clarissa.

„Kater Mau bekommt meistens

Futter aus der Dose",

erzählt Conni.

„Am liebsten mag er Fisch."

„Wie gut, dass ich meine Fische

nicht mitgenommen habe",

sagt Hannes.

18

Aber er hat ein Foto

von seinen Fischen dabei,

das er allen zeigt.

„Benno spielt gerne Ball.

Genau wie ich!"

Tom streichelt seinen Hund.

„Ich gehe jeden Tag mit ihm raus."

„Meine Wellensittiche dürfen

nicht raus", lacht Nick.

„Aber in meinem Zimmer

dürfen sie frei herumfliegen."

## Leserätsel

Welche Tiere haben die Kinder
mit in die Schule gebracht?
Ergänze die fehlenden Buchstaben.

|   |   | T | Z |   |   |   |   |   |   |   |   |   |
| K |   | I |   |   | E | N |   |   |   |   |   |   |

|   | T |   |   |   |   |   |   |   |   |   |   |
| W | L | L |   |   | I |   |   | C | H |   |

|   | R |

|   | E | E | R |   |   |   | E | I | N |   |   | N |
| M |   |   | S |   |
|   |   | N | D |

Die Buchstaben in den farbigen Kästchen
verraten dir, wen Conni in die Schule
mitgebracht hat:

— — — — —   — — —

Was gehört zu welchem Tier? Verbinde
die passenden Wörter miteinander.

Fischdose   Möhren   Ball   Vogelkäfig

Hund   Katze   Wellensittich   Kaninchen

Male alle Felder mit p farbig an.

Erkennst du das Tier?

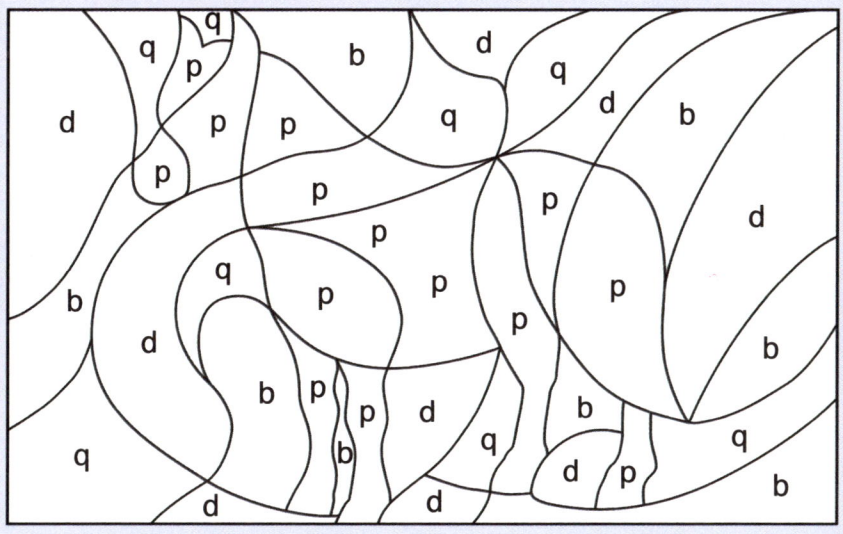

Das Tier ist ein __ __ __ Y.

## Ein Hund, der rechnen kann

„Wollt ihr mal Rudi sehen?"

Torben zeigt auf ein Glas voller Erde.

„Wer ist denn Rudi?", fragt Conni.

„Mein Regenwurm", sagt Torben stolz.

„Das tollste Haustier der Welt!"

„Nee, das tollste Haustier

ist mein Hund", meint Tom.

„Benno kann sogar rechnen!"

„Wirklich?"

Frau Reisig macht große Augen.

„Benno, was ist 1 + 2?"

Sein Hund bellt dreimal.

„Gut! Und was ist 7 – 4?"

„Wuff, wuff, wuff",

bellt Benno wieder.

„Das ist ja toll", staunt Frau Reisig.

„Noch mal!", rufen die Kinder.

„Was ist 9 : 3?", fragt Tom.

Der Hund bellt dreimal.

„Und was ist 2 + 2?", ruft Anna.

„Wuff, wuff, wuff", bellt Benno.

Tom wird rot wie eine Tomate.

„Ich glaube, Benno kann nur rechnen,

wenn eine Drei rauskommt",

kichert Conni.

Und die ganze Klasse lacht.

„Hilfe!", schreit Nina plötzlich.

„Mäxchen ist weg!"

Sofort suchen alle Kinder die Maus.

Sie schauen unter allen Tischen nach.

Nichts! Mäxchen ist verschwunden.

Nina kommen die Tränen.

Da setzt Conni ihren Kater Mau

auf den Boden.

„Such die Maus", sagt sie streng.

„Aber tu ihr nichts!"

Kater Mau schnuppert kurz.

Dann springt er mit einem Satz

zum Papierkorb.

„Mau", maunzt Kater Mau.

Hinter dem Papierkorb

sitzt tatsächlich Mäxchen.

Nina nimmt die kleine Maus

schnell in die Hand.

Conni streichelt Kater Mau.

„Gut gemacht!",

lobt sie ihn und gibt ihm

ein Leckerli.

Kater Mau schleckt sich

zufrieden die Schnauze.

„Und übrigens bist du

das tollste Haustier der Welt",

flüstert Conni ihm zu.

„Auch wenn du nicht

rechnen kannst!"

# Infoseite

## Wenn du ein Haustier hast, musst du ...

es füttern

mit ihm spielen

es streicheln und mit ihm kuscheln

mit ihm zum Tierarzt gehen, wenn es krank ist oder geimpft werden muss

bei Vögeln und Nagetieren den Käfig säubern

bei Fischen das Aquarium reinigen

mit einem Hund täglich spazieren gehen

29

**S. 14/15:**
Frau Reisig schreibt eine
Rechenaufgabe an die Tafel.
Ninas Haustier heißt Mäxchen.
Frau Reisig schlägt einen Haustiertag vor.
Conni bindet Kater Mau eine Schleife ans Halsband.
Lösungswort: MAUS

**S. 20/21:**

| | K | A | T | Z | E | | | | | |
| K | A | N | I | N | C | H | E | N | | |
| | T | | | | | | | | | |
| W | E | L | L | E | N | S | I | T | T | I | C | H |
| | R | | | | | | | | | |

| | M | E | E | R | S | C | H | W | E | I | N | C | H | E | N |
| M | A | U | S | | | | | | | | |
| H | U | N | D | | | | | | | | |

Conni hat KATER MAU in die Schule mitgebracht.

Diese Wörter passen zueinander:
Fischdose – Katze
Möhre – Kaninchen
Ball – Hund
Vogelkäfig – Wellensittich
Das Tier ist ein PONY.

Lösungen

# Conni und das tolle Pony-Picknick

# Weckerrasseln am Wochenende

Dring-dring!

Der Wecker klingelt.

Müde reibt sich Conni

die Augen.

„Nanu?", denkt sie.

„Wieso klingelt denn der Wecker?

Heute ist doch gar keine Schule!"

Da fällt es Conni wieder ein:

Sie reiten heute mit den Ponys aus

und machen ein Picknick!

„Juhu!" Conni springt aus dem Bett.

Auf dem Stuhl liegt schon alles bereit:

die Reithose, das T-Shirt und die Jacke.

Zum Schluss zieht Conni noch

ihre schwarzen Reitstiefel an.

Fertig!

Während Conni frühstückt,

packt Mama den Kuchen

fürs Picknick ein.

Conni hat ihn selbst gebacken:

aus Mehl, geriebenen Möhren,

Eiern und Zucker.

Obendrauf sind kleine Möhren

aus Marzipan.

„Mhm, lecker!"

Am liebsten würde Conni

schon eine kleine Möhre stibitzen.

Aber sie kann zum Picknick doch

keinen angeknabberten Kuchen

mitbringen!

Für die Ponys nimmt Conni

noch echte Möhren mit.

Schließlich sollen die Ponys

auch was fürs Picknick haben!

**Leserätsel**

Warum klingelt der Wecker?

M  Conni muss zur Schule.

T  Sie hat vergessen, ihn auszustellen.

P  Conni will den Ausritt nicht verschlafen.

Was zieht Conni nicht an?

E  Eine Reithose

U  Eine Jacke

O  Einen Rock

Woraus sind die Möhren auf dem Kuchen?

S Aus Marmelade

M Aus Schokolade

N Aus Marzipan

Was bringt Conni zum Picknick mit?

Y Einen Kuchen und Möhren

 T Würstchen und Kartoffelsalat

 E Schokoküsse und saure Gurken

Die Buchstaben neben den richtigen
Antworten ergeben ein Lösungswort:

_ _ _ _

### Der Ausritt

Mit dem Fahrrad saust Conni

zum Reiterhof.

Ihre Freundin Anna wartet schon am Tor.

„Freust du dich auch so?", fragt sie.

Conni strahlt über beide Ohren.

„Und wie!"

Silke, die Reitlehrerin,

schaut aus dem Stall.

„Kommt! Die anderen Kinder

sind schon da!"

Conni holt ihr Pony aus dem Stall.

Sie reitet auf Flecki,

ihrem Lieblings-Pony.

Anna nimmt Bella

mit der weißen Mähne.

„He, das kitzelt", kichert Conni,

als Flecki an ihrem T-Shirt knabbert.

Selbst die Ponys sind aufgeregt.

Ungeduldig scharren sie mit den Hufen,

während die Kinder sie striegeln.

Sogar als Conni den Sattel auflegt,

steht Flecki nicht still.

„Ganz ruhig!", flüstert Conni und

krault Flecki zwischen den Ohren.

„Gleich geht es los!"

Und wirklich:

„Alle aufsitzen!", ruft Silke.

Conni stellt den Fuß in den Steigbügel

und schwingt sich in den Sattel.

Anna strahlt mit der Sonne

um die Wette.

„Viel Spaß!", ruft sie Conni zu.

Im Schritt laufen die Ponys

hintereinander.

Vor dem Wald dürfen sie traben.

Da drängelt sich ein Pony

neben Flecki.

Es ist die braune Janka.

Flecki wirft den Kopf zurück

und galoppiert los.

„Halt, Flecki! Brrr!"

Conni zieht die Zügel an.

Das Pony buckelt und

Conni fliegt aus dem Sattel.

„Autsch!" Conni reibt sich den Po.

Doch sie hat Schwein:

Es ist nichts passiert!

## Leserätsel

Trage die Wörter in das
Kreuzworträtsel ein.

Das Lösungswort in den farbigen
Kästchen verrät dir, welche Tiere außer
Ponys Conni noch mag:

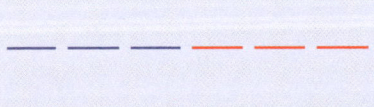
— — — — — — —

# Welches Pony frisst die Möhre?

Flecki    Bella    Janka    Kaspar

**Ein verrücktes Pony-Picknick**

An einem Bach machen sie Picknick.

Die Ponys dürfen auf eine leere Weide.

Die Kinder holen Würstchen, Brote

und Äpfel aus ihren Rucksäcken.

Conni packt ihren Kuchen aus.

Plötzlich stupst Flecki sie an.

Überrascht schaut sich Conni um:

Oje, das Gatter ist offen!

Alle Ponys traben ins Freie.

Schnell führt Conni Flecki zurück.

Anna und Lisa fangen Janka ein.

Bald sind alle Ponys auf der Weide.

Wirklich alle?

Silke zählt nach.

Ein Pony fehlt!

„Oh nein, Bella!", seufzt Conni.

Annas Pony steht mit allen vier Hufen

auf der Picknickdecke und

macht sich über den Kuchen her.

Auch Brote und Äpfel

hat es angeknabbert.

„He, unser Kuchen!",

rufen die Kinder

und stürmen zu Bella.

Das Pony hebt erschrocken den Kopf.

Dann läuft es wie ein Blitz davon.

„Halt, Bella!", brüllt Anna.

Doch das Pony ist schon

im Wald verschwunden.

Silke tröstet Anna: „Schon gut.

Bella kennt den Weg zum Stall."

„Wirklich?"

Anna ist den Tränen nahe.

48

Silke nickt. „Ganz bestimmt!"

Sie dreht sich zu den Kindern um:

„Auch wenn ein Pony euren Kuchen frisst,

dürft ihr es nicht so erschrecken!"

Für alle Kinder gibt es nun Würstchen.

Die mochte Bella nicht.

Dann geht es zum Reiterhof zurück.

Anna darf mit Conni auf Flecki reiten.

Mit beiden Armen hält sie sich

an Conni fest.

Die Mädchen kichern:

Macht das Spaß!

„Schau doch", ruft Conni.

„Da ist Bella!"

Annas Pony wartet wirklich

vor dem Stall.

Schon ist Anna bei ihm und flüstert:

„Wir wollten dich nicht so erschrecken!"

Sanft streichelt sie Bellas weiche Nase.

Da fallen Conni die Möhren ein,

die sie noch im Rucksack hat.

Vor Aufregung hat sie die

ganz vergessen.

„Die sind doch für die Ponys!",

sagt Conni.

„Wo doch Bella den Kuchen

gegessen hat, sind die Möhren

jetzt eigentlich für uns", lacht Anna.

Conni lacht auch.

„Ich backe uns einen neuen Kuchen!"

Dann hält sie Flecki

eine dicke Möhre hin.

„Hier, die habt ihr euch doch verdient!"

Und das finden die Ponys auch!

# Infoseite

## Vor dem Ausritt

### Begrüßen

Zuerst begrüßt du natürlich dein Pony. Dann führst du es am Führstrick zum Putzplatz und bindest es mit Sicherheitsknoten an.

### Hufe auskratzen

Mit dem Befehl „Gib Huf!" forderst du das Pony auf, den Huf zu heben. Mit dem Hufkratzer säuberst du vorsichtig die Hufe. Dabei immer in Richtung Zehe auskratzen, bis der Huf ganz sauber ist.

### Striegeln

Mit dem Striegel bürstest du das Pony in großen Kreisbewegungen. Dann kommt die weiche Bürste, die Kardätsche, dran. Mit ihr immer nur in die Richtung bürsten, in der die Haare liegen!

## Satteln

Auf den sauber gebürsteten Rücken bekommt das Pony eine Satteldecke, damit der Sattel beim Reiten nicht scheuert. Den Sattel sanft auflegen und festschnallen.

## Auftrensen

Das Halfter wird nun gegen die Trense getauscht. Das Trensengebiss ins Maul schieben und das Genickstück vorsichtig über die Ohren ziehen. Die Gurte schließen. Aber nicht zu eng!

## Nachgurten

Denke daran, vor dem Aufsitzen noch einmal den Sattelgurt nachzuschnallen.

## Losreiten

Aufsitzen und los geht's!

53

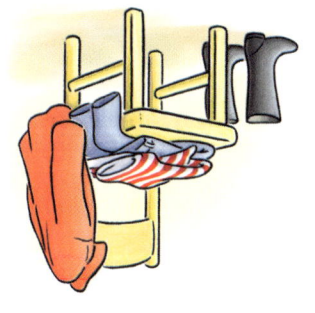

**S. 38/39:**

Der Wecker klingelt, weil Conni
den Ausritt nicht verschlafen will.
Conni zieht keinen Rock an.
Die Möhren auf dem Kuchen sind aus Marzipan.
Conni bringt einen Kuchen und Möhren
zum Picknick mit.
Das Lösungswort lautet PONY.

**S. 44/45:**

| F | L | E | C | K | I |   |   |   |   |
|---|---|---|---|---|---|---|---|---|---|
|   |   |   | S | A | T | T | E | L |   |
|   |   |   | S | T | E | I | G | B | Ü | G | E | L |
|   |   |   |   | Z | Ü | G | E | L |   |
| S | C | H | W | E | I | N |   |   |   |
|   | S | O | N | N | E |   |   |   |   |

Außer Ponys mag Conni noch KATZEN.

BELLA frisst die Möhre.

# Conni auf Waldsafari

**Eine prima Idee!**

„Schau mal, die Giraffen!"

Conni sitzt mit Opa auf dem Sofa und

blättert in einem dicken Buch.

Lauter Fotos sind da drin,

von einer Safari in Afrika.

„Und die Löwenjungen. Sind die süß!"

Conni seufzt. „Am liebsten würde ich

auch mal eine Safari machen."

Opa überlegt.

„Nach Afrika kommen wir nicht so schnell,
aber wir können trotzdem eine Safari
machen."

Conni schaut ihn an. „Wo denn?"

„Im Wald", sagt Opa. „Da gibt es doch
auch jede Menge wilde Tiere."

„Au ja!", jubelt Conni. „Und ich mache
ganz viele Fotos!"

Gleich am nächsten Sonntag gehen
Conni und Opa auf ihre Waldsafari.
Connis kleiner Bruder Jakob und
ihre Freundin Anna kommen auch mit.
„Ihr müsst ganz leise sein, damit wir
die Tiere nicht erschrecken", mahnt Opa.
Gespannt laufen sie den Waldweg entlang.
Das erste Tier, das sie sehen, ist ein Käfer.
Conni macht gleich ein Foto.

Opa zeigt ihnen einige Vögel:
Ein Kleiber klettert den Baum hinunter.
Auf einem Ast sitzt ein Buchfink.
Sogar einen Specht sehen sie.
Nur den Kuckuck, der immer wieder ruft,
können sie einfach nicht finden.
„Da! Ein Eichhörnchen!", flüstert Anna.
Ist das niedlich!
Doch als Conni – klick! – ein Foto macht,
flitzt es schnell davon.

Auf dem Weg wimmelt es plötzlich
von Ameisen.
Unter einer Tanne ist ein riesiger
Ameisenhaufen.
„Die Roten Waldameisen sorgen im Wald
für Ordnung", erklärt Opa.
Doch Jakob interessiert das nicht.
„Gibt es hier denn keine großen Tiere?",
fragt er.

„Aber ja!", lacht Opa.

„Und wenn wir Glück haben,

sehen wir auch welche.

Aber erst einmal habe ich Hunger.

Ihr nicht?"

„Schon", meint Conni.

„Aber wir haben doch gar nichts dabei."

„Wir sind ja auch eingeladen!", sagt Opa.

„Eingeladen?", staunt Conni.

„Mitten im Wald?"

## Leserätsel

Welches Tier kann man auf
einer Safari in Afrika sehen?

Male alle Felder an, in denen die
Buchstaben von C o n n i stehen:

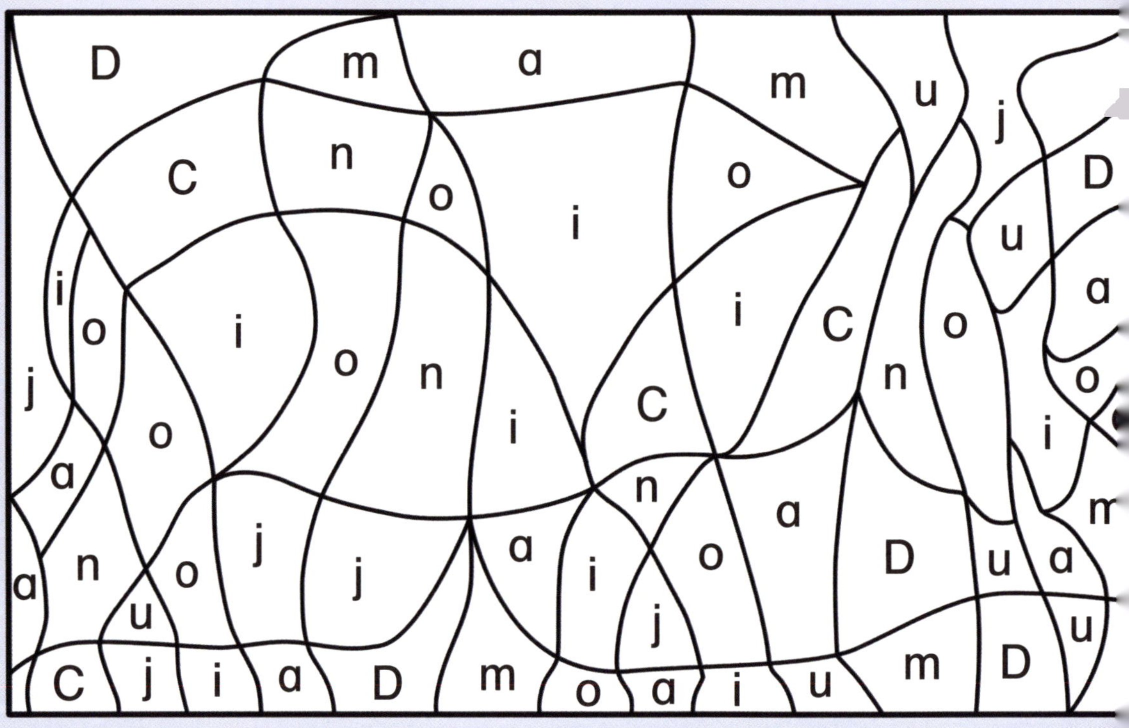

| | | | |
|---|---|---|---|
| D | m | a | m u j |
| C | n | | o D |
| | o | i | u |
| i | | | i C o a |
| o | i | | n o |
| j | o n | | i |
| a | | i | C n a i |
| a n o | j j | a | o D u a |
| u | | i | m u |
| C j i a D | m o a i u | | m D |

Lösungswort: __ __ __ __ __ __ __

64

Welche Tiere sehen Conni, Anna, Jakob und Opa auf ihrer Waldsafari? Trage die Namen der Tiere in das Kreuzworträtsel ein.

```
        D
        E   S
        M
    S P         T
    K L         B
    Ä F
        S
      B       F I
    C H   Ö         E
```

Das Lösungswort verrät dir ein weiteres Waldtier:

D __ M __ __ __ S __ __

**Im Wald mit Förster Arne**

Auf einer Lichtung steht ein großes Haus.

„Das ist das Forsthaus", erklärt Opa.

„Hier wohnt mein Freund Arne."

„Ist er der Förster?", fragt Anna.

„Aber ja!", erklingt da eine tiefe Stimme.

Ein Mann mit grauem Bart

kommt auf sie zu und lacht.

„Ihr wollt also auf Waldsafari gehen?"

„Ja! Und die großen Tiere sehen!",
ruft Jakob sofort.
„Das lässt sich machen",
meint Förster Arne.
„Aber vorher essen wir lieber
noch ein Stück Kuchen.
Sonst knurrt nachher euer Magen so laut,
dass uns die Tiere davonlaufen!"

Nach der Kuchenpause führt
Förster Arne sie mitten durch den Wald.
Er zeigt ihnen Mauselöcher und
einen Kaninchenbau.
„In der Nähe wohnt auch eine Füchsin,
die gerade Junge hat."
„Können wir die sehen?",
fragt Conni aufgeregt.
„Füchse sind sehr scheu", meint Opa.
„Da müssten wir schon sehr viel
Glück haben!"

Der Förster nickt. „Wir können ja
mal gucken. Aber nur von Weitem,
damit wir sie nicht stören!"
Doch beim Fuchsbau gibt es nichts
zu sehen. Schade!
„Dafür zeige ich euch jetzt etwas anderes!"
Der Förster führt sie auf einen Hochsitz.
Gespannt klettern sie
die wackelige Leiter hoch.
Opa legt den Finger auf den Mund.
„Psst! Und jetzt keinen Mucks!"

Auf dem Hochsitz ist es ganz schön eng.

Aber die Kinder warten geduldig.

Conni hält die Luft an.

Da kommen Wildschweine!

Eine ganze Rotte!

Sie suhlen sich in einer großen Lehmpfütze.

Conni und Anna strahlen sich an.

Bisher haben sie Wildschweine

nur im Zoo gesehen.

Doch hier im Wald ist es tausendmal schöner!

Nach dem Matschbad schubbern sich
die Wildschweine an den Bäumen.
Erst als die Wildschweine weiterziehen,
klettern alle wieder vom Hochsitz herunter.
„Na, zufrieden?", fragt Opa.
„Ja!", nickt Jakob und strahlt.
Und auch Conni und Anna sind glücklich.
Am liebsten würden sie jeden Sonntag
so eine Safari machen!

**Leserätsel**

Wie heißen die Tiere?
Bringe die Buchstaben in die
richtige Reihenfolge!

S U M A

_ _ _ _

W I E S W I L C H N D

_ _ _ _ _ _ _ _ _ _ _

S C H U F

_ _ _ _ _

N I N A H E N C K

_ _ _ _ _ _ _ _

72

Was stimmt?

| | | |
|---|---|---|
| D | Opas Freund ist ein Förster. |
| E | Der Förster heißt Arnim. |
| M | Der Förster lädt die Kinder zu Würstchen ein. |
| A | Im Wald wohnen Mäuse. |
| C | Die Leiter zum Hochsitz ist wackelig. |
| K | Auf dem Hochsitz ist es nicht eng. |
| H | Die Wildschweine suhlen sich im Matsch. |
| T | Die Wildschweine schrubben sich die Zähne. |
| S | Conni würde am liebsten jeden Sonntag eine Safari machen. |

Die Buchstaben neben den richtigen Antworten ergeben noch ein Waldtier:

— — — — —

### Schöne Beobachtungen

Am Waldrand ist noch ein zweiter Hochsitz.
Mit dem Fernglas können Conni, Anna
und Jakob einige Rehe beobachten,
die auf den Feldern nach Futter suchen.
„Die beiden Kleinen sind erst
ein paar Wochen alt", erzählt der Förster.
Conni lässt die Kitze nicht aus den Augen.
Die Sonne steht schon tief,
als sie sich auf den Rückweg machen.

74

„Hilfe!", schreit Jakob plötzlich.

„Eine Schlange!"

„Keine Angst", beruhigt ihn Förster Arne.

„Das ist nur eine Blindschleiche.

Das ist gar keine Schlange,

sondern eine Echse ohne Beine!"

„Und die ist nicht gefährlich?", fragt Anna.

„Nein!", lacht Opa. „Die ist

ganz harmlos!"

„Können wir nicht noch einmal
nach den Füchsen gucken?",
fragt Conni.
Förster Arne ist einverstanden.
Und dann sieht Conni sie:
In den letzten Strahlen der Abendsonne
spielen die jungen Füchse vor ihrem Bau.

Durch das Fernglas kann Conni
sie ganz genau sehen.
Denn Abstand halten müssen sie schon.
„Da haben wir aber Glück", wispert Opa.
Conni nickt. Und was für eins!
Die vier Fuchskinder sind mindestens
genauso niedlich wie die Löwenjungen
in Opas Safaribuch!
Bei der nächsten Waldsafari wird sie
auch ihr Fernglas mitnehmen.

Nashörner gibt es auf unserer Safari zwar nicht – dafür aber Nashornkäfer!

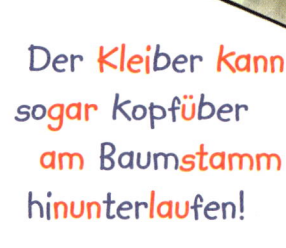

Der Kleiber kann sogar kopfüber am Baumstamm hinunterlaufen!

Ob der Buchfink wohl gerne liest?

Der Buntspecht kann ganz unterschiedlich klopfen. Je nachdem, ob er Futter sucht oder sich mit anderen Spechten „unterhält".

So gut wie das Eichhörnchen möchte ich auch mal klettern können.

Wo zum Kuckuck ist der Kuckuck???

78

Und **das** ist **der** Fuchs**bau**.

Hier **wohnt** Familie Maus.

**Wild**schweine lieben **es**,
sich **im** Matsch **zu** suhlen.
Die **Männchen** erkennt man
an **den** großen Hauern.
Man nennt sie **Keiler** und
die **Weib**chen heißen
**Bache**.

Die **Rehe** gehören
zu **den** Hirschen. Ihre Kitze ha**ben**
weiß **getupftes** Fell – **süß**, nicht?

Die **Blind**schleiche sieht aus
wie **eine** Schlange, ist ab**er**
eine Ech**se** ohne Beine.
Und **blind** ist **sie**
auch **nicht**.

Um **die** Füchse zu **fotografieren**,
war **es** leider schon **zu** dun**kel** ...

79

**S. 64/65:**

Das Lösungswort lautet NASHORN.

Diese Tiere sehen Conni, Anna, Jakob und Opa:

|   |   |   |   |   |   |   |   |   |   |   |   |
|---|---|---|---|---|---|---|---|---|---|---|---|
|   |   | D |   |   |   |   |   |   |   |   |   |
|   |   | A | M | E | I | S | E |   |   |   |   |
|   |   | M |   |   |   |   |   |   |   |   |   |
| S | P | E | C | H | T |   |   |   |   |   |   |
|   | K | L | E | I | B | E | R |   |   |   |   |
| K | Ä | F | E | R |   |   |   |   |   |   |   |
|   |   | S |   |   |   |   |   |   |   |   |   |
|   | B | U | C | H | F | I | N | K |   |   |   |
| E | I | C | H | H | Ö | R | N | C | H | E | N |

Das Lösungswort lautet DAMHIRSCH.

**S. 72/73:**

Die Tiere heißen MAUS, WILDSCHWEIN, FUCHS, KANINCHEN.

Diese Antworten stimmen:

Opas Freund ist ein Förster.

Im Wald wohnen Mäuse.

Die Leiter zum Hochsitz ist wackelig.

Die Wildschweine suhlen sich im Matsch.

Conni würde am liebsten jeden Sonntag Safari machen.

Das Lösungswort lautet DACHS.

Lösungen

# Lesen lernen mit der Lesemaus

## Liebe Eltern,

alle Kinder wollen lesen lernen. Sie sind von Natur aus wissbegierig. Diese Neugierde Ihres Kindes können Sie nutzen und das Lesenlernen frühzeitig fördern. Denn Lesen ist die Basiskompetenz für alles weitere Lernen. Aber Lesenlernen ist nicht immer einfach. Es ist wie mit dem Fahrradfahren: Man lernt es nur durch Üben – also durch Lesen.

### Lesespaß mit Lesepass

Je regelmäßiger Ihr Kind übt, desto schneller und besser wird es das Lesen beherrschen. Eine schöne Motivation kann dabei ein Lesepass sein, den Sie zusammen mit Ihrem Kind basteln können.
Vereinbaren Sie mit ihm eine kleine Belohnung, die es für eine bestimmte Anzahl an Trainingsminuten gibt. Eine Leseeinheit können zum Beispiel 10 Minuten sein. Für jede Leseeinheit gibt es einen Sammelpunkt – und nach einer zu vereinbarenden Anzahl von Punkten dann die kleine Belohnung.

### Wie können Sie Ihr Kind beim Lesenlernen unterstützen?

Je positiver Kinder das Lesen erleben, desto motivierter sind sie, es selbst zu lernen. Versuchen Sie, Ihrem Kind ein Vorbild zu sein. Zeigen Sie Ihrem Kind, dass Lesen und Schreiben zum Alltag gehören. Etablieren Sie gemeinsame Leserituale. So erfährt Ihr Kind: Lesen macht Spaß!

Lesen Sie Ihrem Kind mindestens bis zum Ende der Grundschulzeit vor. Auch wenn Ihr Kind zunehmend eigenständig liest, bleibt das Vorlesen ein schönes und sinnvolles Ritual.

## Lesen lernen mit der Lesemaus

Jedes Kind lernt unterschiedlich schnell lesen. Orientieren Sie sich bei der Auswahl von Erstlesebüchern daher an den Interessen und Lesefähigkeiten Ihres Kindes. Die Geschichten sollen Ihr Kind fordern, aber nicht überfordern. Die Lesemaus zum Lesenlernen bietet spannende und leicht verständliche Geschichten für Leseanfänger. Altersgerechte Illustrationen helfen, das Gelesene zu verstehen.

Mit lustigen Leserätseln können die Kinder ihre Lernerfolge spielerisch selbst überprüfen. Außerdem gibt es in jedem Band interessante Sachinfos für Jungen und Mädchen.

**Ihnen und Ihrem Kind viel Spaß beim Lesen!**

„Schau mal",

ruft Felix.

„Dahinten liegt ein Hund!"

Papa sieht durch das Fernglas.

„Das ist kein Hund",

sagt er.

„Das ist ein junger Seehund.

Er hat seine Mutter verloren.

Deswegen nennt man ihn Heuler."

„Können wir ihn mitnehmen?",

bettelt Felix.

„Nein", antwortet Papa.

„Vielleicht kommt

die Seehundmutter bald zurück."

Felix und Papa setzen sich

auf eine Decke.

Felix holt seine Trinkflasche

aus dem Rucksack.

Dabei beobachtet er den Seehund.

**Leserätsel**

Was baut Felix am Strand?

| S | Einen Sandkuchen |
| U | Eine Sandale |
| M | Eine Sandburg |
| R | Ein Sandwich |

Was braucht Felix für seinen Ausflug?

| A | Kartoffel- |
| E | Ruck- |

| E | Fern- |
| T | Trink- |

| Z | Reit- |
| R | Gummi- |

Die Buchstaben neben allen richtigen
Antworten verraten dir, wo Felix
Urlaub macht: am __ __ __ __.

# Wie kommt der Seehund zum Fisch?

87

# Lesenlernen mit Spaß

978-3-551-06638-1

978-3-551-06642-8

978-3-551-06645-9

978-3-551-06651-0

978-3-551-06654-1

**Die besten Fußball-Silben Geschichten**

978-3-551-06644-2

**Die spannendsten Piraten-Silben-Geschichten**

978-3-551-06646-6

**Das große Jungs-Buch zum Lesenlernen**

978-3-551-06620-6

**Die schönsten Pferde-Silben-Geschichten**

978-3-551-06649-7

**Silben-Geschichten für Mädchen zum Lesenlernen**

978-3-551-06643-5

**Die schönsten Prinzessinnen-Silben-Geschichten**

978-3-551-06650-3

**CARLSEN**

www.carlsen.de

# Mit Conni

978-3-551-18960-8

# Noch mehr Lesespaß!

978-3-551-18937-0

978-3-551-18792-5

978-3-551-18791-8

# Mit der Schule der magischen Tiere

978-3-551-65592-9

978-3-551-65591-2

978-3-551-65593-6

# Mit der Lesemaus

Lesenlernen mit

Das große Silben-Buch zum Lesenlernen

978-3-551-06641-1

Lesenlernen mit

Die besten Ferien-Silben-Geschichten

978-3-551-06648-0

Lesenlernen mit

Die spannendsten Ritter-Silben-Geschichten

978-3-551-06652-7

Lesenlernen mit

Die schönsten Freundinnen-Silben-Geschichten

978-3-551-06653-4

# Mit Minecraft

Lesenlernen mit

Heiko Wolz
André Sedlaczek

Zombies – bis der Arzt kommt!

UUAAH!

Für Fans von MINECRAFT

978-3-551-06844-6

Lesenlernen mit

Heiko Wolz
André Sedlaczek

Monster – bis zum Umfallen!

UUAAH!

Für Fans von MINECRAFT

978-3-551-06845-3

Lesenlernen mit Spaß

Heiko Wolz
André Sedlaczek

Drachenrache – bis zum Ende!

UUAAH!

Für Fans von MINECRAFT

978-3-551-06846-0

Lesenlernen mit Spaß

Heiko Wolz
André Sedlaczek

Ungeheuer – bis zum Untergang!

Für Fans von MINECRAFT

UUAAH!

978-3-551-06847-7

Lesenlernen mit Spaß

Heiko Wolz
André Sedlaczek

Bösewichte – bis zum Abwinken!

UUAAH!

Für Fans von MINECRAFT

978-3-551-06848-4

Die **LESEMAUS** ist eine eingetragene Marke des Carlsen Verlags.

Sonderausgabe im Sammelband
© 2022 Carlsen Verlag GmbH, Völckersstraße 14–20, 22765 Hamburg
ISBN: 978-3-551-69025-8
Umschlagillustration und Vorsatz: Herdis Albrecht
Illustration der Lesemaus: Hildegard Müller
Umschlagkonzeption: Gunta Lauck
Lektorat: Constanze Steindamm
Satz: Karin Kröll
Lithografie: ReproTechnik Fromme, Hamburg

Conni und die Schule voller Tiere
© Carlsen Verlag GmbH, Hamburg 2010

Conni und das tolle Pony-Picknick
© Carlsen Verlag GmbH, Hamburg 2012

Conni auf Waldsafari
© Carlsen Verlag GmbH, Hamburg 2010


Alle Bücher im Internet: www.lesemaus.de
Newsletter mit tollen Lesetipps kostenlos per E-Mail: www.carlsen.de